Sur les traces des humains

Cet ouvrage rédigé par Anne-Marie Bacon et illustré par Jean-Louis Thouard
est extrait du volume 10
Qui sommes-nous ?
de l'Encyclopédie pratique des Petits Débrouillards,
chez Albin Michel Jeunesse

 – Loi 49 956 du 16 juillet 1949 sur les publications destinées à la jeunesse – Dépôt légal second semestre 2001 – N° d'édition 12 263 – ISBN 2 226 119507–

Sur les traces des humains

ALBIN MICHEL JEUNESSE

Sur les traces des humains

Mode d'emploi

Des expériences

Il te faut de la patience, de l'humour, de la persévérance ! N'hésite pas à recommencer certaines expériences ou à les faire découvrir à ta famille, à tes amis.

Chaque expérience est classée :

Elle demande du temps, ou du matériel, ou décrit des phénomènes compliqués mais passionnants.

Avec un peu d'attention, elle permet de connaître et de saisir des phénomènes scientifiques élaborés.

Elle se fait vite, ou presque sans matériel, ou se comprend aisément.

- En raison des produits employés, certaines expériences doivent se faire avec un adulte. La manipulation n'en sera que plus sûre et plus réussie. Cela est indiqué par la phrase : *« Cette expérience se fait en présence d'un adulte. »*

Les rubriques des expériences

La manipulation

est le déroulement point par point de l'expérience (ou de l'observation ou de l'enquête).

Le matériel

dont tu as besoin est très courant et inoffensif, il se trouve chez toi, dans la cuisine, la cour ou le grenier ! Certains produits, peu coûteux, sont à acheter ; ex. : le bicarbonate de soude, sans danger, qu'on se procure en pharmacie.

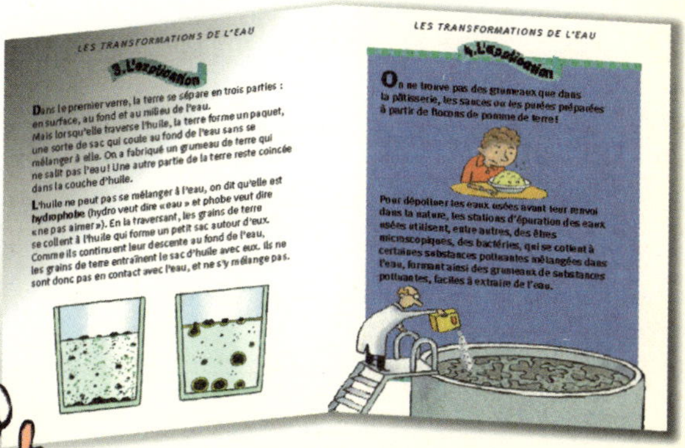

L'explication

te permet de comprendre ce qui vient de se passer.

L'application

indique où ont lieu les phénomènes expliqués ou à quoi ils peuvent nous servir.

INTRODUCTION

Sur les traces des humains

Depuis qu'il est capable de penser, d'imaginer, l'être humain cherche sa place dans l'Univers. Représentant de Dieu, fils de la nature, maître des animaux et des plantes, cela ne fait réellement que trois cents ans qu'il a commencé

à imaginer qu'il est un animal comme un autre, avec ce « petit plus » dans le cerveau qui le rend capable d'utiliser des outils et de construire une culture. Depuis, il cherche à découvrir et à comprendre les ressemblances et les différences qui le rapprochent ou l'éloignent de ses cousins les singes. Mais surtout, l'être humain recherche les traces de ses ancêtres.
Ce sont quelques-uns des résultats

de ces recherches et des méthodes employées par les paléontologues et les préhistoriens qui sont présentés dans ce livre.

Comment faire la différence entre des restes fossiles d'ancêtres d'humains et des restes de singes ? Ressemblons-nous à nos ancêtres ? Comment sait-on qu'à une époque les cousins de l'être humain avaient une culture ? Nous en saurons un peu plus grâce aux expériences de ce livre.

Dents de singes et dents d'humains

Les Primates ont-ils tous le même nombre de dents ?

1. La manipulation

1 Voici les mâchoires, dessinées de profil, de **3 Primates** :

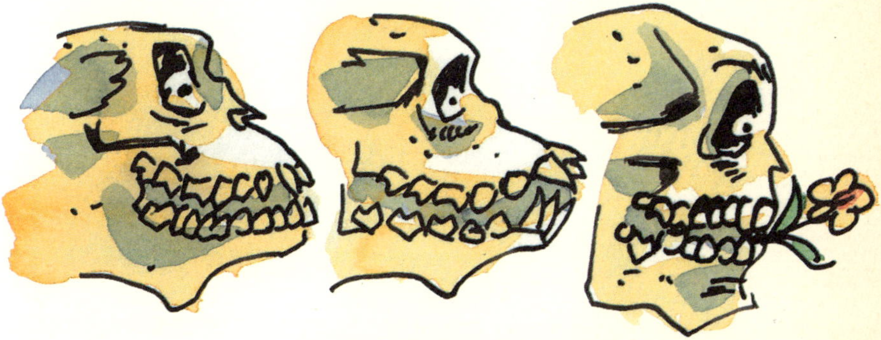

un alouate
(un singe d'Amérique du Sud de la famille des Céboïdes)

un mangabey
(un singe de la famille des Cercopithécoïdes vivant en Afrique)

un humain
(de la famille des Hominoïdes vivant sur tous les continents)

2 Reconstitue la formule dentaire de chaque primate, c'est-à-dire le nombre d'incisives (i), canines (c), prémolaires (p) et molaires (m) que tu observes par demi-mâchoire.

3 Déduis-en le nombre total de dents de chacun d'eux. **Que remarques-tu ?**

2. L'explication

Chaque espèce possède deux mâchoires, donc quatre demi-mâchoires. Pour calculer le nombre total de dents par espèce, il faut donc multiplier par quatre le nombre de dents compté par demi-mâchoire.

L'alouate possède trente-six dents (2i, 1c, 3p, 3m par demi-mâchoire) comme tous les singes d'Amérique du Sud.

Le mangabey et **l'humain** partagent le même nombre de dents soit trente-deux (2i, 1c, 2p, 3m par demi-mâchoire), comme tous les Cercopithécoïdes et les Hominoïdes.

La formule dentaire est une des caractéristiques permettant d'évaluer le degré de parenté entre les Primates. Le mangabey et l'humain apparaissent plus proches l'un de l'autre que des singes d'Amérique.

3. L'application

Avec la formule dentaire, il est possible de construire un arbre simple à trois branches qui rend compte du degré de parenté entre ces trois groupes (Céboïdes, Cercopithécoïdes, Hominoïdes). Lequel est le bon ?

Des ancêtres arboricoles !

expérience
TRÈS FACILE

Aujourd'hui, les humains grimpent rarement aux arbres. Comment sait-on que nos ancêtres l'ont sûrement fait plus souvent ?

1. L'enquête

De nombreux caractères anatomiques présents chez l'homme montrent que nos ancêtres étaient adaptés à la vie dans les arbres. Parmi les 5 propositions suivantes, retrouve ces 3 caractères.

1. ***La vision binoculaire***
2. ***Le pouce de la main opposable aux autres doigts***
3. ***5 doigts à la main et au pied***
4. ***Une épaule flexible***
5. ***4 membres***

3. L'application

Trois parmi ces cinq caractères nous rappellent que nous appartenons à la grande famille des Primates et que nos ancêtres étaient probablement de bons grimpeurs !

Pour connaître la réponse, lis le texte dans un miroir.

Le pouce de la main opposable aux autres doigts, qui nous permet de saisir et de manipuler les objets, avait une fonction préhensile (qui peut prendre, tenir) chez nos ancêtres qui pouvaient ainsi s'agripper aux branches. De même, nous avons hérité d'une certaine **flexibilité de l'épaule.**

La vision binoculaire, possible grâce à la position des yeux sur le devant de la face, permet d'apprécier l'espace en trois dimensions (le relief), une particularité également héritée de nos ancêtres arboricoles (qui vivent sur les arbres).

À l'origine, tous les mammifères ont quatre membres et cinq doigts à la main et au pied (bien qu'ils ne soient pas développés de la même manière) : ce ne sont pas des caractères propres aux seuls Primates.

3. L'application

Les spécialistes de l'évolution des espèces disent que les caractères 3 et 5 sont « primitifs », pour l'ensemble des Primates car ils ne sont d'aucune utilité pour les distinguer des autres mammifères.
Les caractères 1, 2 et 4 sont dits « évolués » pour les Primates car ils sont particuliers à ce groupe (ici « évolué » ne veut pas dire « mieux » dans le sens de « progrès », mais signifie qu'il y a un changement).
Cela montre que l'évolution d'une espèce vivante ne se fait pas forcément par le remplacement d'un caractère par un autre : la main de l'être humain et son épaule flexible ne lui servent plus à grimper aux arbres, ce n'est pas pour cela qu'elles ont été modifiées.

Grosse tête ou cervelle d'oiseau ?

Nos ancêtres ont-ils commencé à nous ressembler lorsque la taille de leur cerveau a augmenté ?

1. L'observation

Voici 4 dessins de crânes. Le premier est celui d'un orang-outan, le quatrième celui d'un humain.

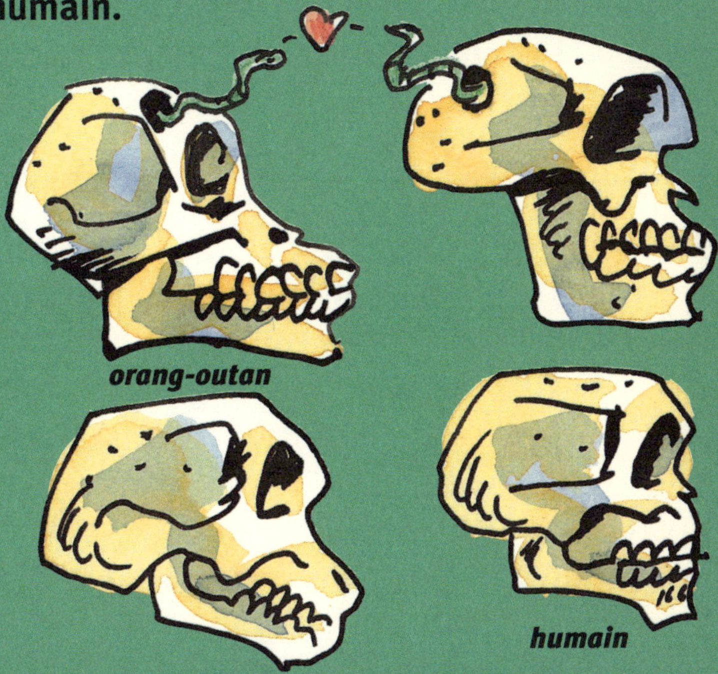

Saurais-tu deviner lequel des deux autres crânes est celui du plus lointain ancêtre de l'homme ?

2. L'explication

Le deuxième crâne est une invention. C'est le troisième qui appartient à l'un de nos ancêtres. L'être humain ne descend d'aucun des singes qu'on connaît actuellement, il a un lointain ancêtre commun avec les chimpanzés et les gorilles.

Avant que le jeune anthropologue sud-africain Raymond Dart ne découvre, en 1924, le crâne de ce qu'il appela un « australopithèque » (singe du Sud) de trois ou quatre ans, les scientifiques pensaient que les lointains ancêtres de l'être humain avaient des dents de singe plantées dans un gros crâne semblable au nôtre.

Les australopithèques étaient divisés en plusieurs espèces et furent des cousins des premiers préhumains. Contrairement à ce qu'on croyait sur ces ancêtres avant leur découverte, ils avaient un petit cerveau, la face (figure) projetée en avant, sans front, mais ils pouvaient se déplacer debout, comme les humains modernes. Ils ressemblaient encore à de grands singes. Pourtant, ils appartenaient déjà à la grande famille humaine.

3. L'application

Les premiers paléontologues étaient européens. Nombreux sont ceux qui ont longtemps cru que l'humanité était née en Europe. Au début du 20e siècle, un Anglais reconstitua même un faux fossile à l'aide d'une mâchoire d'orang-outan et du crâne d'un homme ayant vécu au Moyen Âge. Sa supercherie ne sera dévoilée qu'en 1953, après quarante années de débats ! À présent, les paléontologues considèrent que l'Afrique a été le « berceau de l'humanité » car ils n'ont toujours pas trouvé ailleurs de fossiles de préhumains aussi anciens que les australopithèques.

Et si on jouait aux osselets ?

Connais-tu l'anatomie du squelette ?

1. Le matériel

- papier
- 1 crayon
- 1 paire de ciseaux
- 1 sac en plastique
- le dessin d'un squelette humain
- dessin du coude et du genou

2. L'application

Le squelette de Lucy, la plus célèbre **australopithèque**, découvert en 1974 en Éthiopie, est un des squelettes les plus complets qu'on ait jamais trouvés. Il s'agit de cinquante-deux os d'un même individu de petite taille appartenant à l'espèce ***Australopithecus afarensis***, et qui a vécu il y a environ 3,1 millions d'années.

3. Les jeux

jeu n°1 : réécris chaque nom de la liste sur un petit papier. Mets tous les papiers dans le sac. Remue bien le tout et pioche un nom au hasard. Essaie de situer les os et les membres sur le squelette. Le gagnant est celui qui comptabilise le plus de points.

jeu n°2 : le genou et le coude sont 2 articulations des membres, chacune composée de 3 os. Trouve ces 6 os dans le tableau.

1 point	2 points	10 points
le bras	le frontal	le zygomatique
la jambe	les cervicales	l'ilion
le bassin	le péroné	le sternum
les phalanges	l'omoplate	le temporal
le fémur	les côtes	l'ischion
le tibia	la mandibule	le sacrum
l'humérus	le radius	le pubis
la rotule	le cubitus	l'occipital
la cheville		
le poignet		

Réponses: *fémur, tibia, péroné pour le genou. Humérus, radius, cubitus.*

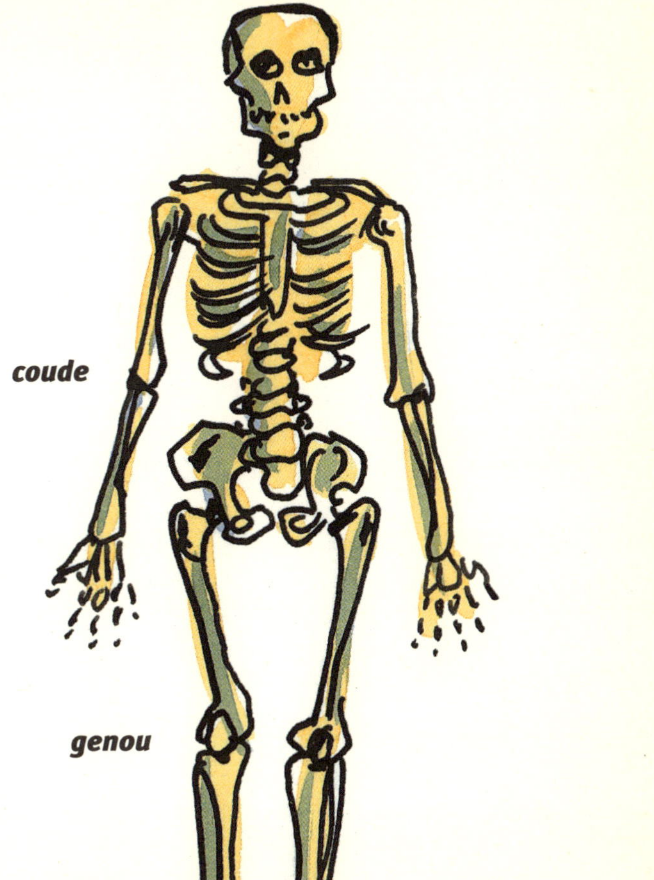
coude
genou

Comment faire un bipède ?

On appelle « bipédie » la marche habituelle sur deux pattes, celle des oiseaux et de l'être humain. Comment savoir à quel moment nos ancêtres sont devenus bipèdes ?

1. Le matériel

- *1 feuille de papier*
- *1 crayon*
- *1 bassine d'eau*
- *1 craie*

2. La manipulation

L'expérience se fait à deux dehors, sur un sol dur.

1 Dessine le contour de ton pied nu sur la feuille et compare-le à ces deux contours.

2 Trempe les pieds dans la bassine et marche tranquillement sur le sol en demandant à ton ami d'entourer de craie les marques humides de tes pas.

Compare ton parcours avec les deux autres dessinés ci-contre. Remarques-tu des ressemblances ?

3. L'explication

Le pied d'un australopithèque possède un écart assez grand entre le pouce et les autres orteils, comme celui du chimpanzé. Mais il est beaucoup moins habile ! En effet, le pied du chimpanzé a le pouce opposable aux autres doigts. Ce grand singe s'en sert comme de sa main pour attraper les branches.

La trace d'une marche humaine est régulière, les deux pieds sont parallèles.
La marche du chimpanzé est moins régulière lorsqu'il se déplace sur deux pattes. Il est plus habitué à s'aider de ses mains. La marche d'un australopithèque était plus régulière que celle d'un chimpanzé, mais ses petites jambes écartées l'obligeaient à resserrer les pieds en marchant. On pense qu'il avait une démarche « chaloupée ».

4. L'application

Les plus anciennes traces de marche régulière sur deux pattes (on parle de bipédie) ont été découvertes en 1976, par Mary Leakey sur le site de Laetoli en Tanzanie. Ces traces ont pu être datées à 3,5 millions d'années. Deux individus (peut-être même trois) ont marché sur des cendres volcaniques encore fraîches. Ils n'ont pas été les seuls à emprunter ce chemin. D'autres traces, appartenant à plus de vingt animaux différents, recoupent celles laissées par les hominidés : chevaux, éléphants, girafes, hyènes, etc. Ces traces sont un témoignage précieux de la faune existant à cette époque, et nous renseignent aussi sur la démarche des bipèdes.

T'as vu ta tête ?

Comment différencier l'australopithèque de l'être humain moderne ?

1. L'observation

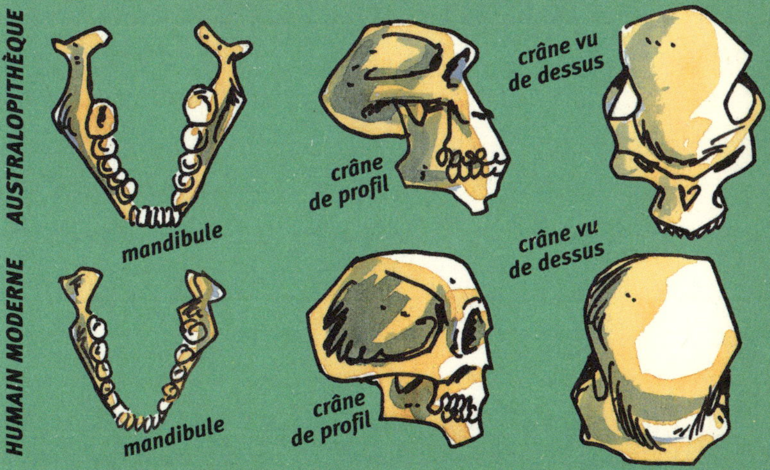

Note dans le tableau les différences que tu observes entre le crâne d'un australopithèque et celui d'un homme moderne.

1. orientation de la face (avant, arrière)	Australopithèque	Homme
2. taille de la mandibule (mâchoire inférieure)		
3. forme de la mandibule		
4. taille des incisives par rapport aux molaires		
5. volume de la boîte crânienne (cerveau)		
6. forme et hauteur du front		
7. bourrelet osseux au-dessus des yeux		
8. forme du menton		

2. L'explication

1. L'australopithèque était prognathe (face projetée en avant) alors que l'humain est non prognathe.

2. La taille de la mandibule de l'australopithèque était large et massive alors que celle de l'être humain est peu large et fine.

3. La mandibule de l'australopithèque formait un V, celle de l'être humain un U.

4. Les incisives de l'australopithèque étaient petites par rapport aux molaires, celles de l'humain sont de grande taille par rapport aux molaires.

5. L'australopithèque avait une petite boîte crânienne, l'être humain en a une grande.

6. Le front de l'australopithèque était fuyant, celui de l'être humain est haut.

7. L'australopithèque avait un bourrelet osseux développé au-dessus des yeux, ce que l'être humain n'a pas.

8. L'australopithèque avait un menton fuyant, alors que celui de l'être humain est bien saillant.

3. L'application

C'est en étudiant ces caractères relevés sur les crânes et les dents que les paléontologues ont défini les genres *Australopithecus* et *Homo*. Il y a eu en effet plusieurs espèces d'australopithèques, qu'on a réunies dans un « genre ». Des trois ou quatre espèces d'humains, regroupées dans le genre *Homo*, il n'en reste plus qu'une, celle de l'être humain moderne : *Homo sapiens*. Remarque : un genre rassemble des espèces très proches qui ont connu une même adaptation et ont un ancêtre commun qui appartient exclusivement à ces espèces.

Comment nomme-t-on les espèces ?

expérience SIMPLE

1. L'application

Chaque espèce est définie sous deux noms latins. Le premier qualifie le genre, le second l'espèce. Ces noms sont l'identité de chaque organisme. Ils sont utilisés par tous les chercheurs dans le monde. Cette façon de nommer a été créée par un Suédois, Carl von Linné (1707-1778), qui élabora un système de classification des plantes et des animaux, publié pour la première fois en 1735. Il est aussi un des premiers à avoir inclus l'humain dans sa classification des animaux (*Homo sapiens*, en 1758 avec les Primates). En effet, à cette époque, l'humain, qu'on croyait créé à l'image de Dieu, était écarté du règne animal.

2. L'enquête

Voici les noms qu'ont donnés des paléontologues à des espèces de 5 hominidés, c'est-à-dire primates proches de l'espèce humaine (2 australopithèques et 3 hommes). Essaie de trouver la signification pour chacun de ces noms (qualificatif, référence géographique...).

1
Australopithecus africanus

2
Australopithecus robustus

3
Homo erectus

4
Homo habilis

3. L'explication

1. Le singe (pithèque) du sud (australe) de l'Afrique.
2. Le singe robuste du Sud.
3. L'homme debout (érigé vient de *erectus*).
4. L'homme habile (qui utilise ses mains).
5. L'homme sage (c'est l'être humain moderne).

5
Homo sapiens

expérience TRÈS FACILE

Qui fut le premier homme ?

Comment les paléontologues ont-ils décidé qu'une espèce fossile a été la première espèce de la famille des humains dont nous faisons partie ?

1. L'enquête

Il y a environ 2,5 millions à 1,3 million d'années vivait en Afrique l'*Homo habilis*, que l'on considère comme étant le premier homme. À ton avis, pourquoi l'a-t-on baptisé ainsi ?

1 Il a été l'auteur de peintures et de gravures.

2 C'est le premier homme qui a taillé des outils en pierre.

3 Il s'est construit des habitats à l'aide de branchages.

4 Il maîtrisait le feu.

2. L'explication

Réponse : 2 et 3. En effet, *Homo habilis* fut le premier homme à fabriquer des outils en pierre et à construire des campements rudimentaires, dont certains ont été utilisés comme campements de chasse. On a retrouvé, à côté de quelques outils, des restes de nombreux animaux comme des hippopotames. Ces outils étaient des galets dont un côté avait été rendu tranchant par enlèvement des éclats utilisés aussi comme outils. On en a retrouvé en Éthiopie et au Kenya.
Les *Homo habilis* étaient encore de petite taille et leur capacité crânienne était comprise entre 550 et 750 centimètres cubes.

Le feu apparaît plus tardivement, probablement avec *Homo erectus* il y a 1,4 million d'années, et les peintures rupestres encore plus tardivement avec les hommes modernes (*Homo sapiens* il y a 30 000 ans).

4. L'application

À partir de quel moment des singes (les australopithèques) sont-ils devenus des hommes ? La définition de l'être humain n'est pas la même pour tous, même parmi les scientifiques. Doit-on choisir la marche debout, l'utilisation d'outils, la grosseur du cerveau, la maîtrise du feu, du langage, ou encore tout autre chose ? Ce débat est aussi ancien que la découverte de fossiles de nos ancêtres et de leurs « cousins », et il est loin d'être clos puisqu'il existe encore plusieurs définitions de ce qu'est l'humain moderne, dont nous sommes les représentants.

Grand crâne ou grande bouche ?

Quelles sont les transformations majeures du crâne chez les hominidés ?

1. L'observation

Essaie de classer chronologiquement ces 5 crânes présentés en désordre.

1 *Australopithecus africanus*

2 *Homo sapiens*

3 *Homo sapiens neandertalensis*

4 *Homo erectus*

5 *Homo habilis*

Que remarques-tu ?

2. L'explication

Deux des caractères qui évoluent de manière flagrante dans l'histoire des hominidés sont la taille de la boîte crânienne (là où se loge le cerveau) qui devient de plus en plus grande, et la réduction de la face.

Les deux crânes qui s'opposent le plus si l'on tient compte de ces deux caractères sont *Australopithecus africanus* et *Homo sapiens*. Entre les deux, on peut dire qu'il existe plusieurs formes intermédiaires qu'il est parfois difficile de classer. Ainsi, il est facile de se tromper entre *Australopithecus africanus* et *Homo habilis* tant les deux espèces paraissent proches ! Le cerveau d'*Homo habilis* est cependant légèrement plus volumineux que celui de l'australopithèque, et c'est le premier représentant du genre humain.

Entre *Homo habilis* et *Homo erectus*, il y a une nette augmentation de la taille du cerveau et une réduction évidente de la face. Quant à l'homme de Neandertal (*Homo neandertalensis*) et l'homme actuel (*Homo sapiens*), on peut remarquer que la taille du cerveau est comparable, mais la face apparaît légèrement plus avancée chez le premier.

3. L'application

Voici une des hypothèses sur l'évolution des hominidés.
Chez les hominidés, la croissance du cerveau a été très rapide depuis *Australopithecus* (350-550 centimètres cubes), à *Homo habilis* (550-700 centimètres cubes), puis *Homo erectus* (775-1250 centimètres cubes) et *Homo sapiens* (1000-2000 centimètres cubes).
Les *Homo habilis* apparaissent comme une forme de transition entre une espèce australopithèque et les *Homo erectus* en Afrique. Les *Homo erectus* sont intermédiaires entre les *Homo habilis* et les *Homo sapiens* d'une part et, d'autre part, entre les *Homo habilis* et les *Homo neandertalensis*.

Qui a émigré le premier ?

expérience
TRÈS FACILE

**Les plus anciens ancêtres de l'homme moderne ont vécu en Afrique.
Quelles sont les premières espèces à avoir quitté ce continent ?**

1. L'observation

Sur la carte, on a représenté en rouge la localisation des sites à australopithèques et en bleu la localisation des sites à *Homo erectus,* avec la date estimée pour chacun des sites.

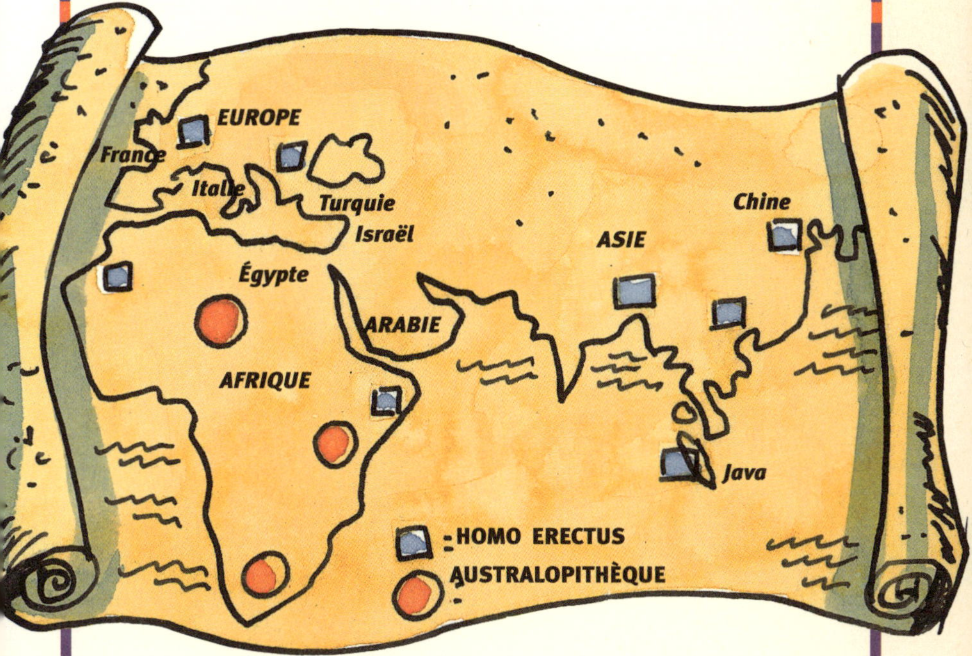

Qu'en déduis-tu ? Quel chemin les premiers hommes ont-ils pu emprunter ?

2. L'explication

Homo erectus est répandu sur une aire géographique plus vaste que celle occupée par les australopithèques. On a découvert de nombreux squelettes d'*Homo erectus* en Afrique, et plus tard, en Europe et en Asie, mais on n'en a trouvé ni en Australie, ni sur le continent américain.

Les plus vieux ont près de 1 800 000 ans en Afrique mais aussi en Chine. Puis, on en trouve sur l'île de Java (1 700 000 ans) et au Moyen-Orient (1 400 000 Ceux découverts en Europe (800 000 ans) et en Afrique du Nord (380 000 ans) sont plus récents.

Ces dates peuvent permettre de reconstituer ses voyages et les différentes routes qu'il a suivies. Depuis l'Afrique de l'Est, il a pu rejoindre Java par la péninsule Arabique. Il existe deux chemins possibles vers l'Europe : par Israël et la Turquie ou par l'Égypte, la Sicile et l'Italie.

Pourtant, certains restes osseux découverts en Chine bien loin du continent africain, et vieux de 1 700 000 ans, ont été attribués à ***Homo habilis***, précurseur d'*Homo erectus*. Alors, lequel des deux a vraiment été le premier voyageur ?

3. L'application

Les ***Homo erectus*** étaient plus grands que les australopithèques, mais plus petits que les premiers ***Homo sapiens***.
Ils avaient un gros cerveau (deux fois en volume celui d'un australopithèque) et confectionnaient des outils.
On peut suivre aussi les hommes fossiles à travers le monde grâce aux diverses traces d'activités : campements, utilisation du feu et outils. Les plus anciennes industries remontent à 2,5 millions d'années en Afrique.
Elles sont attribuées à *Homo habilis*.
Ce sont des galets taillés où quelques éclats ont été enlevés. *Homo erectus* utilisera lui aussi des galets taillés puis confectionnera le biface, pierre taillée sur deux de ses faces.

expérience TRÈS FACILE

Une autre vision de la mort

Depuis combien de temps les hommes enterrent-ils leurs morts ?

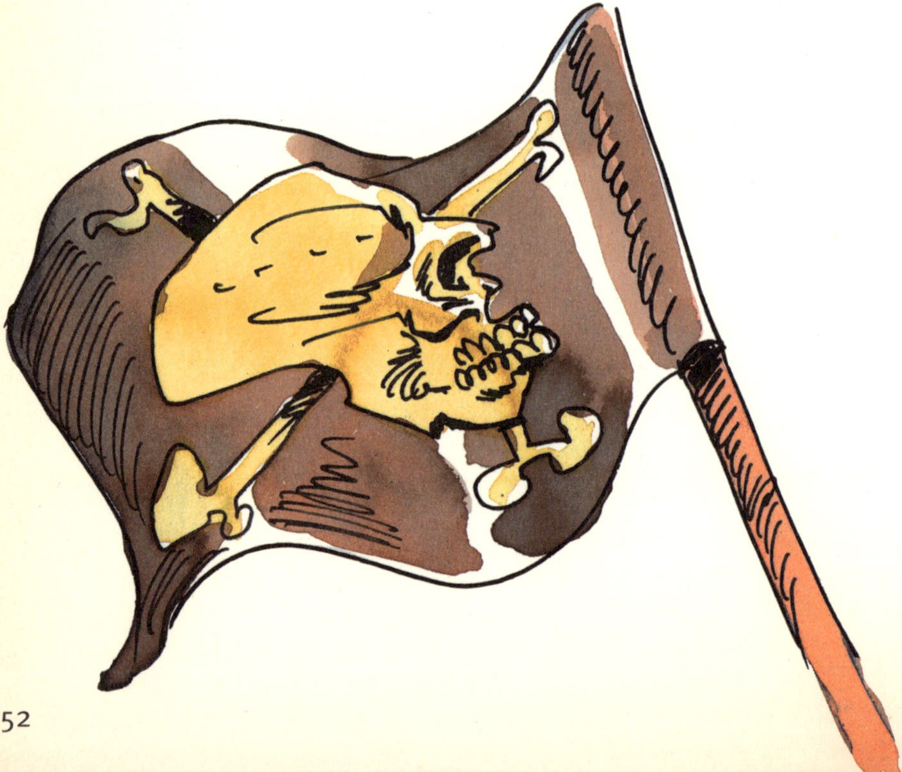

1. L'enquête

D'après le récit de ces deux paléontologues, F. Durant et M. Albert, peux-tu reconstituer les derniers instants de cet **australopithèque** et de cet homme de **Neandertal** ?

1985 : campagne d'Afrique

F. Durant : *« Quand j'ai découvert cet australopithèque, ses restes squelettiques étaient éparpillés sur une dizaine de mètres. Tout était cassé, fragmenté. Le crâne présentait au niveau du front deux trous, qui correspondaient à la trace des canines supérieures d'un carnivore. »*

1993 : un site en Dordogne

M. Albert : *« Le squelette était complet, tous les os placés en connexion. L'individu reposait dans une fosse, qu'on avait creusée à cet effet. Les genoux étaient repliés sur la poitrine. De chaque côté du corps, on pouvait voir de minuscules petits grains de couleur jaune, probablement des grains de pollen. Quelques coquilles d'escargots vides parsemaient le corps. »*

2. L'explication

Les australopithèques ont sûrement été des proies pour de nombreux carnivores. L'individu que notre paléontologue F. Durant a trouvé en Afrique est mort sous les griffes d'un léopard qui l'a traîné sur plusieurs mètres, comme le font souvent les carnivores. Les trous observés sur les restes crâniens de l'australopithèque sont probablement la trace des crocs du prédateur.
Avec l'homme de Neandertal, une innovation importante apparaît. Le corps intact, allongé dans une tombe, montre que les hommes de Neandertal enterraient leurs morts.
Ils déposaient autour du corps des offrandes (cornes d'animaux, crânes), des fleurs comme en témoigne la présence de grains de pollen, ou encore des coquillages. On trouve les traces de ces rituels funéraires sur de nombreux sites : La Ferrassie, Chānidār, Techik-Tach, La Chapelle-aux-Saints.
L'homme de Neandertal se pose des questions sur la mort et sur la vie après la mort...

3. L'application

C'est grâce aux soins (les offrandes d'ocre, de fleurs, de bois ou de corne) que les néandertaliens apportaient à leurs morts que les paléontologues trouvent généralement leurs restes fossiles intacts.
Protégés dans la tombe, recouverts de terre ou de dalles de pierre, ils sont ainsi épargnés par les carnivores, les charognards et les intempéries. Une chance pour les paléontologues ! Ce n'est pas le cas des restes d'australopithèques et des premiers hommes, exposés dès leur mort à ces agents destructeurs.

Qui a fait quoi ?

expérience
TRÈS FACILE

1. La manipulation

Voici plusieurs objets.

Trouve quels sont ceux qui ont été confectionnés par l'homme de Neandertal, et ceux qui l'ont été par l'homme moderne.

2. L'explication

Pour connaître la réponse, lis le texte dans un miroir.

Tous ces objets peuvent avoir été confectionnés par l'homme de Neandertal ou l'homme moderne (Cro-Magnon) !

La feuille de laurier, une lame coupante finement travaillée, le harpon taillé dans le bois de renne, l'aiguille à chas et la Vénus, petite statuette de femme évoquant probablement la fécondité, témoignent d'un perfectionnement dans la fabrication des outils et de préoccupations artistiques très recherchées.
L'art préhistorique est florissant dès 35 000 ans. Cette période correspond au Paléolithique supérieur (entre 35 000 et 10 000 ans).

3. L'application

Les paléontologues sont de plus en plus persuadés que les hommes de Neandertal et les hommes modernes (que nous représentons) font partie de deux espèces différentes. Cependant, si ces espèces étaient séparées par leur biologie, elles se ressemblaient beaucoup par leur culture. C'est pourquoi de nombreuses recherches sont effectuées pour savoir si elles se sont rencontrées et ont ainsi échangé leurs connaissances et leurs pratiques. La culture et la vie sociale de l'homme de Neandertal semblent avoir été très proches de celles des hommes modernes de l'époque, qu'on appelle « hommes de Cro-Magnon », du nom du site où ce type humain fossile a été découvert pour la première fois, en 1868, en Dordogne. Sur certains sites archéologiques, comme Arcy-sur-Cure, on a même découvert que ces deux espèces avaient échangé des techniques.

Néandertaliens et Cro-Magnon

expérience SIMPLE

Les hommes préhistoriques étaient peu nombreux et voyageaient peu mais, en plusieurs générations, les tribus pouvaient parcourir des centaines de kilomètres. Pouvaient-elles se rencontrer ?

1. L'observation

D'après les 6 lieux où ont été retrouvés des restes d'homme de Cro-Magnon ou d'homme de Neandertal, essaie de reconstituer les migrations de ces 2 hommes préhistoriques.

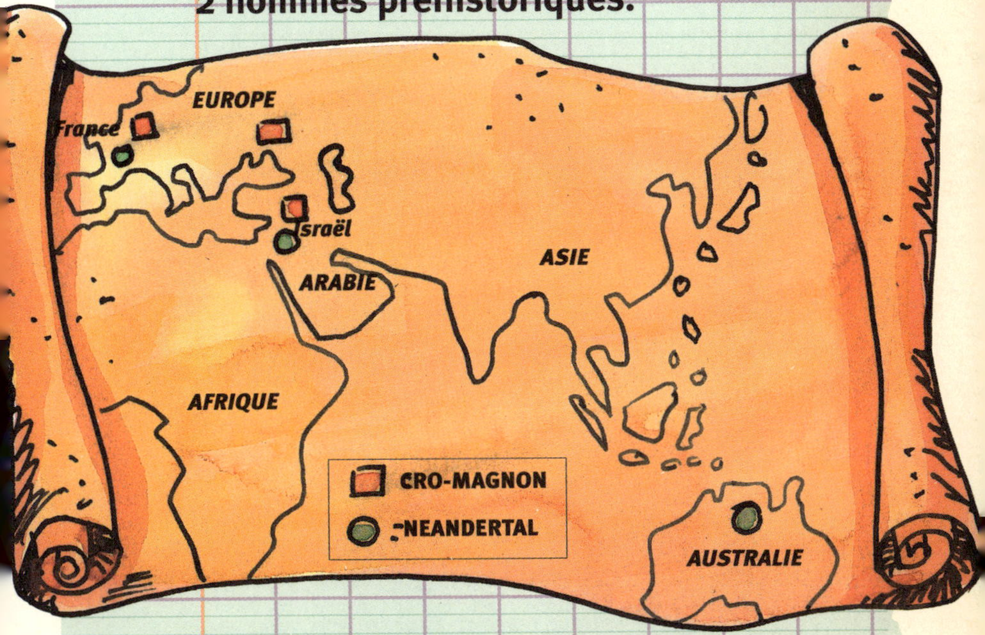

Se sont-ils rencontrés ?

2. L'explication

On peut déduire que l'homme de Neandertal, vivant principalement en Europe et surtout en France et en Espagne, a migré vers l'est. On en a trouvé en Israël et en Irak. En revanche, il apparaît que l'homme de Cro-Magnon est venu de l'ouest, probablement depuis l'Afrique en passant par le Proche-Orient. Il est avéré aujourd'hui que les hommes de Neandertal et les hommes de Cro-Magnon ont cohabité pendant une assez longue période.
En effet, pendant 50 000 ans, ils ont eu la même façon de fabriquer leurs outils. Plus tard, l'homme de Cro-Magnon présenta une légère avance culturelle : ses outils étaient finement travaillés et plus perfectionnés, ses lames, couteaux et perçoirs étaient fins et tranchants.

3. L'application

L'extinction de l'homme de Neandertal il y a environ 30 000 ans est un mystère ! Nul ne sait pourquoi il disparaît définitivement, alors que l'homme de Cro-Magnon a survécu dans les mêmes régions. Est-il dépassé par les nouvelles technologies de l'homme de Cro-Magnon ou encore exterminé, ce qui est peu probable, par ce nouveau venu de l'Est. Ou, enfin, ont-ils eu ensemble de nombreux descendants, les caractères de l'homme de Neandertal s'estompant au fil de cette descendance ?
La question n'est pas encore élucidée.

Sommes-nous différents de nos ancêtres ?

Sommes-nous si différents de ceux qu'on a appelés les « hommes des cavernes » ?

1. L'observation

Compare ces 3 crânes, tout particulièrement au niveau du front, du bourrelet osseux au-dessus des orbites et de l'avancée de la mâchoire.

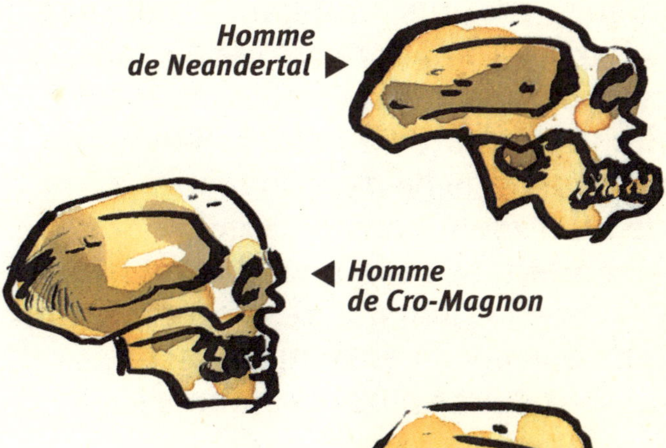

De quel fossile descend le plus vraisemblablement l'homme moderne ?

2. L'explication

De profondes différences ressortent très clairement quand on compare l'homme de Neandertal et l'homme de Cro-Magnon : le front de ce dernier est plus marqué, plus élevé, la boîte crânienne est plus haute, moins étirée vers l'arrière, le bourrelet osseux au-dessus des yeux disparaît, la face est droite et le menton apparaît. Sa stature est grande, proche de 1,80 mètre. Nous lui ressemblons plus qu'à l'homme de Neandertal ! En fait, les Neandertal et les Cro-Magnon ont des cerveaux plus grands que ceux des hommes actuels et ils sont même plus corpulents !

3. L'application

Qui est l'homme de Cro-Magnon ?
Se cache sous ce nom le représentant le mieux connu de tous les *Homo sapiens* du sud de la France, daté d'il y a 33 000 ans. Mais ce n'est cependant pas le plus ancien ! Et, si nous lui ressemblons fortement, il conserve encore quelques traits « archaïques ».
En fait, ce sont cinq individus qui ont été trouvés dans l'abri Cro-Magnon en 1868 lors de la construction d'une voie ferrée aux Eyzies-de-Tayac-Sireuil, en Dordogne. Le plus vieux de ces individus, âgé d'une cinquantaine d'années, est considéré comme le sujet type, un modèle en quelque sorte, pour les individus vivant en Europe au Paléolithique supérieur (entre 40 000 et 10 000 ans avant notre ère).

expérience TRÈS FACILE

Quelle force et quelle précision !

Quel moyen ont trouvé les hommes de Cro-Magnon pour jeter leurs lances avec plus de force ?

1. Le matériel

- 1 morceau de bois de 40 cm de longueur sur 2 cm de côté

- 1 petit cube de bois de 2 cm de côté

- 1 aiguille à tricoter
- de la colle

2. L'observation

L'expérience se fait dans un endroit dégagé.

1 Colle le petit cube à une des extrémités du morceau de bois de 40 cm.

2 Jette l'aiguille en visant un objet à une dizaine de mètres de toi (un arbre, un poteau, un mur...).

3 Place l'aiguille à tricoter sur ce morceau de bois, comme cela est indiqué sur le schéma. D'une main, lance l'aiguille à tricoter vers un endroit où il n'y a personne.

Que remarques-tu ?

3. L'explication

À l'aide de l'appareil fabriqué, l'aiguille est lancée avec plus de force et l'on semble mieux viser.

Il y a environ 30 000 ans, les hommes de Cro-Magnon fabriquaient pour la chasse des propulseurs comme celui fabriqué ici. Ils leur permettaient d'être plus efficaces en lançant leurs javelots. Prolongeant la main du chasseur, ils donnaient au lancer une plus grande puissance. Ils sont généralement taillés dans le bois ou dans la corne des animaux, puis finement ornementés de gravures de chevaux ou de bisons, par exemple.

4. L'application

Il y a 30 000 ans et plus, l'homme moderne est installé en Europe, depuis l'Espagne jusqu'en Russie, dans un paysage de steppe et de toundra. On peut y rencontrer de grands herbivores, des bisons, des chevaux, des cerfs et des carnivores, des lions, des loups, des ours. Le paradis des chasseurs ! C'est une grande période d'innovation culturelle et technologique appelée l'**Aurignacien**. La richesse et la variété des objets annoncent l'ère de l'homme moderne : harpons, figurines et peintures rupestres, flèches, grattoirs et perçoirs, aiguilles à chas...

Sur les traces des humains

Avant la première classification des êtres vivants par le naturaliste suédois Linné en 1758, la majorité des civilisations séparait l'humanité des autres êtres vivants. Linné classa l'être humain parmi ce qu'on appellera après lui les **Primates**.

L'être humain est un Primate ! Les êtres vivants évoluent et se transforment

C'est également au 18e siècle que des naturalistes, comme le célèbre Français Buffon, commencent

à penser que la nature, et les êtres vivants qui la composent, ont pu changer au cours des âges. En 1809, le biologiste français Lamarck publie la première théorie de l'évolution des êtres vivants : **le transformisme.**
Selon lui, les espèces animales et végétales se transforment pour se perfectionner et pour répondre aux changements des milieux naturels dans lesquels elles vivent.

Darwin contre la bêtise humaine

Cinquante ans plus tard, l'Anglais Darwin écrivit une **théorie de l'évolution,** encore acceptée aujourd'hui. Cette théorie montre que l'être humain n'est pas supérieur aux autres animaux et qu'il évolue, comme tous les êtres vivants, pour s'adapter à son milieu.

De plus, tous les êtres humains partagent les mêmes ancêtres : des Primates. Cela implique qu'il n'existe pas de hiérarchie entre les « races » et que l'homme blanc européen n'est en rien supérieur à l'homme noir africain, ou l'homme jaune asiatique. Ils furent nombreux, religieux, politiciens, journalistes

mais aussi scientifiques, à crier au scandale : l'homme ne peut pas descendre du singe ! De même, l'hypothèse de Darwin était inacceptable pour ces partisans d'une idéologie raciste, qui considéraient tous les non-Européens comme des « races inférieures ». On sait tout le mal qu'ont engendré de tels arguments par la suite, de la folie nazie au racisme quotidien d'aujourd'hui, en passant par la colonisation, la ségrégation raciale aux États-Unis d'Amérique et en Afrique du Sud.

Il n'existe pas de race supérieure !

Ceux qui ont montré que Darwin avait raison sont les **paléoanthropologues,** qui étudient l'évolution biologique de l'être humain depuis ses origines de grand singe, et les **préhistoriens** qui retracent son évolution culturelle (outils, arts, modes de vie). Paléoanthropologues et préhistoriens confirment la théorie de Darwin.

À quoi ressembla l'ancêtre commun entre le grand singe et l'être humain

Les premiers fossiles humains sont découverts en Allemagne (Neandert à partir de 1828, puis en France (Cro-Magnon) en 1868. Un fossile de gran singe a été découvert,

lui, en 1837. À la fin du 19e siècle et tout au long du 20e siècle, les paléontologues se mettent en quête du « chaînon manquant » entre les grands singes et l'être humain. S'agissait-il d'un singe-homme au gros cerveau et au corps de singe à moitié redressé, vivant au sol, ou d'un homme-singe au crâne de singe et au corps vertical mais vivant dans les arbres ? La question est si forte qu'un Anglais (aidé peut-être par un paléontologue français) réussit à faire croire de 1911 à 1954 qu'il a trouvé ce chaînon, en « fabriquant » un ancêtre à l'aide d'un crâne humain actuel et de la mâchoire inférieure d'un grand singe. Il faisait ainsi naître l'homme en Europe !

L'ancêtre de l'être humain est africain !

Fort heureusement, de 1930 à nos jours, des Anglais, en particulier la famille Leakey, ont montré que les origines de l'humanité se trouvent en Afrique : les **australopithèques.** Ils n'étaient plus vraiment des singes, mais n'étaient pas encore des humains. Plusieurs espèces ont vécu en Afrique entre 5 millions d'années et 3 millions d'années avant notre ère. Et ils avaient une culture, puisqu'ils

construisaient des outils ! De nouvelles espèces plus récentes ont ensuite été découvertes puis replacées dans l'arbre généalogique des hominidés. Ces espèces animales, les plus apparentées à l'espèce humaine, sont différentes des espèces de grands singes que sont les gorilles, les chimpanzés et les oran-outangs.

Pas de gorille dans notre arbre généalogique !

Sur les traces des humains

Les paléontologues commencent à se faire une bonne idée de l'arbre généalogique de l'espèce humaine. Elle serait née en Afrique. À cause de changements climatiques et donc de végétation, des grands singes se sont petit à petit adaptés à la savane en se redressant, puis en marchant sur deux pattes, les jambes. Cela a libéré leurs mains dont ils se sont servis pour fabriquer des outils et a permis à leur corps de supporter une tête alourdie par un cerveau qui grossissait.

Les grands singes se sont redressés

Qui est le fameux chaînon manquant ?

Les recherches des paléoanthropologues, qui étudient la paléontologie humaine, se dirigent à présent sur un nouveau « chaînon manquant » : l'ancêtre commun à l'être humain et au chimpanzé, et, plus ancien encore, l'ancêtre commun à ces deux espèces et au gorille. Les généticiens (qui étudient les gènes) ont en effet déterminé que l'humain et le chimpanzé ont très peu de gènes différents.

Ils estiment qu'une espèce de « grand singe » serait leur ancêtre à tous les deux. La séparation se serait faite à partir de là, il y a environ 6 millions d'années. La recherche de fossiles de ces ancêtres est difficile car ils vivaient en forêt, où les os se décomposent facilement. De plus en plus d'espèces fossiles de la famille de l'humain actuel, les **hominidés**, sont découvertes régulièrement. Plusieurs d'entre elles ont vécu à la même période et ont même cohabité, comme l'homme de Neandertal et les plus anciens « hommes modernes ».

L'espèce humaine a-t-elle plusieurs origines ?

Les paléoanthropologues se demandent si l'espèce humaine est née d'une seule espèce qui se serait disséminée sur tous les continents de la planète (excepté l'Antarctique), ou si plusieurs espèces cousines seraient nées sur des continents différents (Afrique, Asie, Europe) et se seraient mélangées ensuite. Enfin, une recherche plus philosophique se demande quel est le propre de l'homme. Est-ce la parole, les outils ou la culture (l'art, les rites autour de la vie en communauté et la mort) et à quel moment ces particularités sont-elles apparues ?

BLOC-NOTES

Les Petits Débrouillards

Les expériences que tu viens de découvrir dans ce livre ont été rédigées et testées par l'association des Petits Débrouillards. Dans toutes les régions de France, cette association propose aux jeunes des animations pour découvrir les sciences en s'amusant. Et il existe même des Petits Débrouillards dans de nombreux autres pays.

En rejoignant les Petits Débrouillards de ta région, tu pourras choisir de nombreux thèmes à explorer : l'espace, la chimie, la météorologie, l'environnement, la ville, le corps humain, et bien d'autres encore. Dans des clubs, des ateliers, des centres de vacances, des classes de découverte, tu réaliseras encore plus d'expériences et tu pourras même préparer des maquettes, des machines, des jouets que tu seras invité à présenter dans des expositions !

L'Association française des Petits Débrouillards, c'est :
Plus de 100 clubs locaux, 50 centres de vacances et classes de découverte, plus de 2 000 ateliers dans les écoles, les centres de loisirs et les « bas d'immeuble ».
Elle est soutenue par : le ministère de l'Éducation nationale, le ministère de la Culture, le ministère de la Jeunesse et des Sports, le ministère de la Ville.

Fais connaissance avec les Petits Débrouillards de ta région en t'adressant à :
Les Petits Débrouillards, La Halle aux cuirs, 2 rue de la Clôture, 75930 Paris Cedex 19
sur Internet : anpd@infonie. fr
sur son site web : http ://www.lespetitsdebrouillards.com

Pour les 8-12 ans

L'Encyclopédie pratique des Petits Débrouillards

- **Volume 1.** À la découverte de l'eau
- **Volume 2.** L'invisible
- **Volume 3.** Vivre de mille manières
- **Volume 4.** Les secrets de l'air
- **Volume 5.** Planète Terre
- **Volume 6.** Le monde des extrêmes
- **Volume 7.** Des machines pour explorer le monde
- **Volume 8.** L'infiniment petit
- **Volume 9.** L'Univers, la Terre et les humains
- **Volume 10.** Qui sommes-nous ?

Sciences en poche

- **Les surprises du toucher**
- **Le cœur de la Terre**
- **Les transformations de l'eau**
- **Le goût et l'odorat**
- **Les mystères de la vision**
- **Les origines de la vie**
- **Le puzzle des continents**
- **Terre, planète de vie**
- **Étonnantes mesures**
- **Les hommes préhistoriques**
- **Les astuces de la chimie**
- **La vie dans l'eau**
- **Les saisons et les climats**
- **Des engins pour aller partout**

Hors série

- **Le Soleil et ses éclipses**
- **L'eau, un bien à protéger**
- **L'électricité, une énergie à maîtriser**
- **La mer, des richesses à respecter**

Pour les 5-7 ans

Les 5/7 ans, une série de livres complices à partager avec les plus petits :

- **Le goût et la cuisine**
- **La vue et les couleurs**
- **L'ouïe et la musique**
- **Le toucher et le corps**
- **L'odorat et la nature**
- **La nuit et le sommeil**
- **La rue et la prudence**
- **La campagne et la nature**
- **La maison et ses secrets**

Imprimé en France sur les presses
de l'imprimerie Pollina s.a., 85400
Luçon - n° L83900B